AF456414

TRAITÉ

DU

JEU DE BILLARD.

367

V 54162

DE L'IMPRIMERIE DE DOUBLET,
RUE GIT-LE-CŒUR, N° 7.

TRAITÉ
DU
JEU DE BILLARD,

Avec un VOCABULAIRE de tous les termes usités à ce jeu.

PAR M^{in} B^{d} M.******

Prix : 1 fr. 80 c.

BIBLIOTHÈQUE ROYALE

367

A PARIS,
Chez GUEFFIER jeune, rue Bourtibourg, n° 12;
Et au Palais-Royal, chez les principaux Libraires.
1821.

54162.

AVERTISSEMENT.

Si je me détermine à offrir aux Amateurs du Billard cet Opuscule, c'est que je suis convaincu qu'il leur manquait. En effet, il n'avait encore paru aucunes observations suivies sur ce jeu aussi utile qu'agréable. On ne trouve, à son sujet, dans le recueil intitulé : *Académie des Jeux*, in-12, que sept à huit pages de règles aussi insuffisantes que mal rédigées. J'ai tâché ici de présenter un corps de principes, et des observations accompagnées d'un nombre suffisant d'exemples et de préceptes d'après les plus habiles joueurs du café Turc, de ceux de Malte, Tortoni, Charrier, Manoury, et d'après ma propre expérience : ce qui forme un petit Traité, auquel j'ai joint un Vocabulaire de tous les termes usités au Jeu de Billard. J'ai fait suivre le tout de la collection entière des Règles appliquées à chaque partie (1). J'y ai supprimé seulement, de concert avec

(1) Jusqu'à ce jour on n'avait vu les Règles du Billard imprimées que sur de grandes pancartes, et on ne pouvait les lire dans les salles de Billard, où elles sont suspendues en forme de tableau, et loin de la lumière, que dans une attitude gênante. Les miennes étant d'un volume portatif, et se mettant facilement à la poche, pourront se lire à volonté et commodément, dans quelque endroit où l'on puisse se trouver.

des joueurs distingués et instruits, certains articles insignifians et d'une considération puérile, comme celui relatif à la circonstance où un joueur venant de *billarder*, l'adversaire s'écrie : *J'en gagne*, etc. J'ai rectifié particulièrement l'article de la *Carambole russe*, qui fait mention des blouses dans lesquelles les *billes rouge* et *bleue* doivent compter pour bonnes. On verra à la page 46 du Traité les motifs de cette rectification pour laquelle j'ai été approuvé par les mêmes joueurs cités plus haut, ainsi que pour la rédaction entière de toutes les Règles, et celle du corps du Traité que j'avais eu l'honneur de leur communiquer préalablement. Je livre donc aujourd'hui au public ce petit ouvrage, avec les corrections et les augmentations que ces estimables particuliers ont bien voulu m'indiquer; et je me félicite de leur avoir prouvé, à cet égard, combien j'apprécie leurs bons avis.

TRAITÉ
DU
JEU DE BILLARD.

La nature, en formant l'homme, a assez indiqué qu'il était né pour le mouvement; mais elle a voulu aussi qu'il eût assez d'esprit pour régler ce mouvement, et le diriger au profit de sa santé, et par conséquent de ses plaisirs.

De tous les exercices inventés pour atteindre ce but, le billard est celui qui, sous tous les rapports, nous paraît réunir le plus d'avantages. En effet, il tient le milieu entre les jeux trop violens de la paume et du ballon, et ceux trop sédentaires de cartes, de damier, d'échecs, etc. Ces jeux, qui offrent les deux extrêmes, ont des effets très pernicieux pour la santé;

mais le billard n'en a que de favorables. L'exercice qu'il procure est doux ; il remplace non seulement celui de la marche, premier bienfait de l'hygiène, mais il assouplit le corps en obligeant les joueurs à aller et venir, à faire mille tours divers, à se courber, à s'étendre, se pencher dans tous les sens, à tenir tantôt un bras en arrière, tantôt une jambe levée, etc. C'est cette multiplicité de mouvemens et d'attitudes qui, facilitant le sang à circuler dans toutes les parties du corps, accroît la chaleur naturelle, procure et entretient la santé.

Mais si le fond de ce jeu présente ainsi des effets si salutaires, les accessoires n'en sont pas moins agréables et instructifs. La couleur du champ étendu que l'on parcourt, et qui est celle de la nature, réjouit la vue, divertie encore par la variété des couleurs vives des billes: et tout en s'amusant, et en voyant ces globes d'ivoire se rencontrer, s'éviter, revenir, jouer et décrire tant de lignes diverses, on jouit de mille exemples de physique, de géométrie, et on se rend le coup d'œil juste.

Le billard était peu pratiqué encore au milieu du 18ᵉ siècle : mais, depuis la révolution surtout, il s'est extrêmement propagé ; il est devenu, pour ainsi dire, le jeu national, et cela devait être. Plusieurs personnages célèbres en ont fait leur délassement, et des dames de distinction (1) ont voulu le pratiquer. Aujourd'hui les vieillards comme les jeunes gens s'y exercent, et tout le monde reconnaît ses bienfaits.

Le jeu de billard est supérieurement combiné : il présente tous les jours de nouvelles chances, les plus brillans coups, et aux yeux de l'observateur le fond de ses combinaisons est inépuisable ; bien différent en cela de la plupart des autres jeux qui n'offrent, dans un cercle étroit de quelques modifications, qu'une insignifiante

---

Voyez la Vie de Mme Dubocage.

routine. Aussi a-t-on reconnu, dans tous les temps, l'importance et la supériorité du jeu de billard, en lui accordant l'épithète de *noble* qu'il mérite à tous égards. Il faut aussi qu'on l'ait trouvé le plus intéressant des jeux, puisque c'est le seul où l'usage ait admis une galerie de spectateurs permanens dont le plaisir à voir semble égaler celui des acteurs à exécuter.

Ces diverses considérations nous ont fait juger que le billard, offrant, comme nous venons de le démontrer en détail, le double avantage de l'utilité et de l'agrément, était susceptible d'un traité où l'on enseignerait la manière et les moyens à employer pour y jouer avec grâce, pour y acquérir de la supériorité, et afin, en un mot, de ne pas être dupe des plus habiles.

Je vais entreprendre cette tâche. Bien que j'aie moi-même long-temps pratiqué ce jeu, et que je le suive encore tous les jours avec une nouvelle attention, je ne veux pas que l'on s'en rapporte à ma seule expérience.

J'indiquerai d'autres modèles qui seront, je l'espère, des autorités suffisantes : je choisirai les billards du café Turc, du café Charrier, de Tortoni, de celui de Malte, de Manoury, qui sont, sans contredit, les premiers de la capitale, et je rapporterai la manière et les divers succès des joueurs qui honorent ces intéressantes sociétés. Ce n'est que d'après leur exécution, à laquelle j'ajouterai seulement quelques observations de mon crû, que j'établirai mon jugement, et proposerai les rectifications ou suppressions nécessaires.

Bien que presque tous les hommes d'une classe un peu aisée jouent aujourd'hui au billard, ils n'ont pas tous également les mêmes dispositions. On n'en voit même qu'un très petit nombre qui s'y distinguent. Il faut avoir pour cela une certaine taille, beaucoup d'adresse, du goût, en un mot, être né pour la chose.

Un joueur, pour faire une partie, doit d'abord considérer le lieu où se tient le billard, la dimension de la table, sa propreté, la construction des queues, la qualité de leur bois, leur légèreté, etc.

Avant de donner là-dessus les préceptes nécessaires, il est à propos de faire précéder quelques détails sur les diverses situations et modifications des billards, et sur leurs accessoires.

Il y a des billards plus ou moins bien situés et éclairés; il y en a de grands, de moyens, de petits, de neufs, d'usés. Ils présentent tous aujourd'hui la figure d'un carré long. Cependant on en a vu de parfaitement ronds, et d'autres coupés en octogone. Peut-être que cette dernière forme serait plus avantageuse, et fournirait plus de chances aux joueurs : mais nous n'entreprendrons ici aucun raisonnement pour le prouver, de crainte de sortir des bornes que nous nous sommes prescrites. Nous nous contenterons d'avoir donné un éveil pour l'avenir.

Après Paris, c'est Nantes où le noble jeu

de billard est le plus cultivé. Dans cette dernière ville, les billards, quoique de la même forme que ceux de la capitale, en diffèrent cependant par quelques accessoires. Généralement, le fond des blouses est remplacé par un filet accompagné d'une petite clochette qui sonne à chaque fois qu'une bille est faite. Cet usage, qui non seulement contribue à amuser davantage, mais annonce mieux la victoire du joueur, a lieu chez les étrangers, notamment à Vienne en Autriche, à Dresde en Saxe, et dans plusieurs autres contrées. Ne pourrait-on pas l'adopter pour nos billards de la capitale ?

J'ai vu, dans une autre ville de France, des billards où toutes les billes qui y étaient faites, à quelque blouse que ce fût, allaient se rendre uniquement aux deux blouses des grands coins dont la place du marqueur était le plus près : et cela, au moyen d'un conduit pratiqué au-dessous des bandes, et incliné vers l'endroit précité. Ainsi le garçon seul retirant les billes, les joueurs étaient exempts de cette peine que je regarde réellement comme une corvée très désagréable pour eux, et dont il serait bien à desirer qu'ils fussent affranchis.

Quant au fer en portail que l'on voyait, il n'y a pas encore vingt-cinq ans, sur le tapis des billards de Paris, on aurait peut-être mieux fait aussi de le maintenir. C'était un petit accessoire agréable qui était posé là comme pour annoncer l'entrée du quartier, et le faire mieux remarquer de l'extrémité du haut du billard. Mais ce n'était pas le seul avantage qu'on en retirât; il servait souvent, par les obstacles qu'il offrait, à accroître l'industrie, l'adresse du joueur, et à faire naître de nouvelles chances dont il ne manquait pas de profiter. Les propriétaires de billards ne seront peut-être pas de mon avis; ils me diront: Vos observations sont très justes; mais votre portail, comme par le passé, dégradera, abymera nos billes lorsqu'elles viendront à choquer contre ce corps dur, et nous serons obligés de renouveler des frais déjà assez considérables. De plus, ajouteront-ils, les joueurs seront eux-mêmes victimes du rétablissement de cet usage, les billes, dans ce cas, ne conservant jamais le poli nécessaire pour rouler uniment, et pour remplir l'espoir qu'ils fondent sur leur adresse.

Je crois qu'il serait très facile de parer aux inconvéniens que les propriétaires font remarquer ici, en garnissant le portail soit de drap, soit d'une autre étoffe, pourvu qu'elle fût d'une couleur vive et différente de celle du tapis, afin de contraster agréablement, et d'indiquer encore mieux aux joueurs, des parties les plus éloignées du billard, ce point de ralliement. On ferait seulement attention à disposer cette garniture de manière à ne pas lui donner une intensité trop répulsive, dont il résulterait de nouveaux inconvéniens qu'il est toujours bon d'éviter (1).

---

(1) J'offre de m'entendre, à ce sujet, avec tel propriétaire qui le jugera à propos.

Une chose que l'on eût dû supprimer ; ce sont les clous en cuivre placés directement sur les bandes et qui tiennent le tapis (1). Ces clous, par la forme ronde de leur tête, gênent beaucoup les joueurs, en ce qu'ils se trouvent souvent sur le point d'appui de la queue, la font chavirer, et font manquer les plus beaux coups. On pourrait fort bien remédier à cela, en substituant à la place une bande en cuivre de la largeur du galon où sont posés les clous, que l'on fixerait sur le drap avec des clous à vis, exactement au niveau de la bande.

---

(1) On voit maintenant quelques Billards où l'on fait disparaître ce défaut.

SECTION PREMIERE.

De la situation du Billard, de la dimension de la Table et des Queues.

Avoir un beau jour, être, le soir, bien éclairé, est un des plus grands avantages du jeu. Je voudrais donc que l'on fît préalablement attention à cet article. Lorsqu'on aura, sous ce rapport, fait choix d'une salle convenable, on examinera si la table du billard est grande ou petite. La première de ces qualités est toujours à préférer, parce qu'une étendue considérable fournit, dans tous les cas, plus de chances aux combinaisons, et exerce plus efficacement les joueurs aux coups de queue, considération qui n'est pas à dédaigner.

On doit préférer aussi un tapis qui ne

soit ni neuf ni trop vieux, et dont le tissu soit fin, et des blouses dont la circonférence et la capacité soient proportionnées au volume des billes : il y en a dont l'entrée est si étroite, qu'à peine les billes les mieux jouées y peuvent entrer, et qu'on voit souvent ces globes passer par dessus, ou en parcourir le circuit à la surface, sans pouvoir se déterminer à y tomber.

En général, une grosse bille vaut mieux qu'une petite : elle suit bien plus directement l'impulsion qu'on lui a donnée ; emportée par son propre poids, elle n'est point disposée à dévier, et elle parvient victorieusement au but.

Nous voici naturellement conduits à parler des queues. Cet article nécessitera des réflexions particulières, surtout par rapport à celles inventées depuis quelques années, et auxquelles on a donné le nom de *queues à procédés* ou *à effets*.

Cette espèce de queues est, pour la forme, en tout pareille aux autres, excepté par le bout, où l'on a fixé une petite épaisseur de cuir qui, par son élasticité, a la propriété de faire revenir en arrière la bille du joueur, après qu'elle a poussé celle de son adversaire. Ce n'est pas que les autres queues ne puissent aussi produire cet effet; mais celles-ci y parviennent avec plus d'extension et de succès. Ainsi, c'est sous cet unique rapport qu'elles l'emportent : car autrement les queues ordinaires ont autant d'avantage.

Il est tout simple qu'un corps élastique tel que le cuir, qui pousse un corps dur, ne peut l'envoyer aussi loin qu'un autre qui a plus d'opacité : celui-ci aura donc, par conséquent, moins de moyens de faire rétrograder une bille choquée contre un corps pareil, car la rétrogradation doit être ici en raison inverse de la progression. Mais nous développerons cela d'une façon plus claire et plus satisfaisante à la *quatrième section*, à laquelle cette explication appartient de droit.

Nous revenons donc à la question de savoir quelles sont, en général, les meilleures queues à choisir pour l'exécution du jeu.

Il faut faire choix d'une queue d'un bois léger, de moyenne longueur (1), qui ne soit pas trop douce au toucher, mais cependant unie, et sans aucune aspérité ni concavité ; que l'extrémité supérieure n'ait pas trop d'exiguïté, ni une circonférence trop considérable. On voit encore beaucoup de queues dont le talon est sans garniture ; celles qui ont une garniture en ivoire sont préférables, mais il faut éviter l'excessive largeur du talon, et faire attention que sa forme présente, en se terminant, une douce divergence.

Enfin, pour combler l'espoir du succès, vous considérerez la disposition du corps,

---

(1) Pour être, à cet égard, exactement fixé, on peut vérifier l'instrument par le poids et la mesure : il suffira qu'il pèse 13 ou 14 onces, et que sa longueur n'excède pas 4 pieds 2 pouces.

et n'entreprendrez point de partie, si vous venez de faire de longues courses ou quelque autre exercice fatigant. Bien que l'adresse soit le moyen essentiel pour triompher au billard, la force est cependant indispensable, car si elle vous manque, certainement votre adresse s'évanouira.

SECTION DEUXIEME.

De la manière de jouer, en général.

Il en est du talent du billard comme de tout autre, c'est-à-dire que, pour parvenir à l'acquérir, il faut remonter à la source de tout principe, et avoir, sous les yeux, de bons modèles.

La première chose à considérer est la disposition de la queue, de la main et des doigts. Il n'y a qu'un très petit nombre de joueurs qui sache apprécier cette disposition, et lui donner la perfection requise. La plupart manquent sur ces trois points; les uns étendent trop peu la main gauche posée sur le tapis, les autres approchent trop de leur bille l'extrémité des doigts;

ceux-ci baissent trop du talon, et visent trop haut ; ceux-là lèvent excessivement le talon, et visent tout-à-fait bas. J'en ai vu qui, pour poser la queue, joignent l'extrémité du pouce avec celle de l'index qu'ils recourbent en formant de ces deux doigts une espèce de cercle, et l'appuient sur le médius.

Quelques autres joueurs se disposent le bras horizontalement, et ne mettent que trois doigts pour tenir leur queue : de sorte qu'ils sont obligés de se pencher beaucoup plus qu'il ne faut pour viser ; et ne pouvant, dans cette position qui leur ôte d'ailleurs beaucoup de force, viser très juste, ils échouent presque toujours dans tous leurs coups.

Un jeune homme très leste se présenta un jour dans un des billards que j'ai cités plus haut, et où je me trouvais aussi. Bien qu'il eût pris sa queue de la manière que je viens de décrire, il montra d'abord beaucoup de facilité, et fixa pendant un certain temps les regards de la galerie. Il fait sauter la bille de celui-ci, puis la bille de celui-là, et fait un vacarme de tous les diables; mais avec tout cela il n'en jouait pas mieux. Enfin, après deux ou trois poules où il n'avait pu faire une seule bille, il se retira au grand étonnement des spectateurs, qui s'étaient attendus à voir quelque chose de curieux.

Plusieurs, sans négliger la position de la main gauche, ne mettent, pour tenir leur instrument, que deux doigts de la droite, le pouce et l'index, et sur lesquels ils le tiennent seulement suspendu. N'ayant ainsi qu'un appui vague, la bille ne peut recevoir également qu'une impulsion vacillante, et n'obéit jamais au gré du joueur. Un grand nombre, enfin, jouent de l'épaule, et poussent la queue, au lieu de la laisser seulement tomber sur la bille par le mouvement du bras.

Il faut éviter tous ces défauts, et commencer, avant de jouer, à porter le coude droit en arrière, sans l'écarter de côté, puis laisser perpendiculairement tomber l'avant-bras ; prendre la queue à pleine main, appuyer bien tous les doigts et la serrer. Ensuite vous ferez porter, sur les deux premiers doigts de votre main gauche que vous aurez posée sur le tapis, l'extrémité supérieure de votre instrument, comme tous les grands joueurs le pratiquent. Je ne serais pas d'avis que vous écartassiez trop les doigts de la main gauche, parce que nécessairement elle doit avoir ainsi moins de force, et le point d'appui n'est pas si solide. Vous mettrez donc, entre les doigts posés sur le tapis, une distance telle que vous la sentirez assurer le mieux votre coup. Vous observerez aussi, entre la bille que vous allez frapper et l'extrémité de vos doigts, une distance au moins de trois billes.

Quand il s'agira de tirer votre coup, n'allez pas imiter cette multitude de joueurs que je vois s'accroître tous les jours, et qui disposent l'extrémité de leur queue vers le dessous de la bille, et la relèvent ensuite pour frapper au milieu. Je ris tous les jours en moi-même de l'erreur de ces messieurs qui les déçoit si souvent. L'action de viser est, au billard, une vraie préparation. Je demande si le moindre musicien, devant exécuter un air commençant en *ré*, ira, pour se préparer, le prendre en *sol?* Certainement le jeune chasseur, s'exerçant à tirer au blanc, disposera d'abord le canon de son arme droit au but, et ne commencera pas par le baisser, pour le relever ensuite au hasard, et lâcher son coup. D'ailleurs, j'invite tous ceux qui tombent dans le défaut que je viens de signaler, à considérer les bons joueurs avoués par la renommée : les ont-ils jamais vus s'ajuster de cette sorte ? Qu'ils n'espèrent donc pas parvenir à aucun degré de supériorité, tant qu'ils persisteront ainsi à éluder les plus simples principes.

La véritable manière de s'essayer est donc d'adresser la queue, non au-dessous de la bille ni au-dessus, mais directement au milieu; en un mot, à l'endroit où vous devez frapper pour lui faire suivre la ligne voulue.

Ainsi préparé, vous donnez votre coup de sorte que le bras, sans être poussé en avant avec saccade, ne fasse pour ainsi dire que tomber. Lorsque votre coup est porté, relevez-vous avec grâce; ne gesticulez point; n'allez pas ressembler à ce joueur ridicule qui semblait vouloir conduire les billes, tantôt du bras, tantôt de la jambe et de la tête, et à qui on avait donné, à cause de ce défaut, le sobriquet de *Télégraphe*. Contenez-vous, et suivez seulement de l'œil les billes roulant sur le tapis : car toutes les contorsions que vous feriez seraient inutiles, puisqu'elles ne changeraient pas d'un seul point la route qu'elles doivent parcourir. Examinez encore à cet égard les grands joueurs; vous ne les verrez jamais s'abandonner à de pareilles simagrées.

SECTION TROISIEME.

De la manière de jouer, appliquée à la partie de la Carambole.

Pour mettre à exécution son plan d'attaque, il ne suffit pas de songer à bien s'acquitter du coup que l'on va tirer ; mais il faut encore s'appliquer à renvoyer son joueur à la plus grande distance possible des billes, et surtout à le coller. On donne, selon les circonstances, dans son coup de queue, la force ou la douceur : on emploie les ruses, et l'on dresse tous les piéges permis au jeu. Mais ne perdez jamais de vue les moyens que votre adversaire peut lui-même mettre en usage pour ce même effet, car il faut toujours s'attendre qu'il usera de représailles.

L'occasion de caramboler se présente très souvent ; ne négligez point d'en profiter, mais prenez garde à la perte qui en est quelquefois le résultat. Il y a, pour obtenir ce point, diverses manières de s'y prendre. Tantôt il faut alonger le coup de queue, tantôt il faut le serrer ou retenir à différens degrés, tantôt enfin frapper sa bille ailleurs qu'à son milieu. Faites bien attention à toutes ces observations.

Nous allons d'abord donner des exemples de carambolages qui n'exigent aucune modification, ni dans la disposition de la queue, ni dans la manière de frapper, mais des circonstances desquels bien des joueurs encore ne savent pas tirer parti.

Assez souvent il arrive que les deux billes sur lesquelles un joueur voudrait tirer sont sur la même ligne que la sienne :

de sorte qu'il paraît qu'il ne peut en atteindre qu'une, et que le carambolage est impossible. Si les billes ne sont pas très éloignées d'une bande, et qu'il ne voie aucun autre coup à faire, il s'y prendra ainsi : je suppose que la bille rouge soit masquée par la blanche ; il faut qu'il frappe d'abord celle-ci avec la sienne, aux trois quarts et demi de son diamètre, soit à gauche, soit à droite : s'il la prend à droite, elle ira vers la gauche frapper la rouge, qui, allant doubler la bande, reviendra indubitablement vers la droite, et rencontrera la sienne qui s'avance du même côté. Il doit concevoir qu'également, s'il frappe à gauche la première bille, elle ira tomber sur la droite de l'autre, la fera revenir à gauche par l'effet de la bande, et ne manquera pas de se trouver de même sur le chemin de la sienne qui va dans le même sens.

Autre exemple. La rouge et la blanche se trouvent d'un côté près d'une bande, et très voisines l'une de l'autre, tandis que le joueur est placé à l'extrémité opposée du billard, mais toujours sur la même ligne. Dans ce cas, il commencera à diriger sa bille contre la bande, un peu au-dessus de celle de son adversaire ; alors, décrivant un angle ouvert, elle ira tomber sur cette bille par derrière, et sera renvoyée par ce contact sur la rouge.

Voici un cas où il faut changer la disposition de la queue. Les trois billes sont encore sur la même ligne, mais éloignées également de toutes les bandes. Dans cette situation, l'application de la première méthode ne pouvant convenir, parce que le succès serait trop incertain, vous baisserez l'extrémité de votre instrument, et frapperez votre bille entre sa partie inférieure et le tapis ; alors elle fera un bond, et tombant sur la partie supérieure de celle de votre adversaire, elle ira ensuite se porter sur la rouge, ce qui assurera votre triomphe. Pour exécuter ce dernier coup, il faut s'y être exercé souvent, et avoir beaucoup d'adresse.

On alonge le coup lorsque l'une des deux billes que vous devez toucher avec la vôtre dévie un peu de la ligne droite. Pour y réussir, chacun sait qu'il s'agit de marquer le temps où la queue frappe sur la bille ; et que, pour serrer ou retenir le coup, c'est le moyen contraire.

Il y a quantité d'autres carambolages qui, sous le rapport du coup d'œil, sont très difficiles à obtenir ; mais on doit juger qu'à moins que je ne fusse présent au jeu, je ne pourrais fournir à cet égard aucune donnée certaine. Ainsi, j'invite les amateurs à se rendre dans les cafés que j'ai déjà désignés : là, ils apprendront, par l'habileté des maîtres qui les fréquentent, à opérer des carambolages à grandes combinaisons.

En parcourant les autres chances du jeu, on trouvera les difficultés suivantes :

Très souvent on voit que la bille d'un joueur touche tellement à une bande, qu'elle semble y être collée. Alors il ne faut pas qu'il néglige de changer son instrument ordinaire pour un plus court. Quand il aura obtenu celui-ci, il le prendra de la main droite avec trois doigts seulement, c'est-à-dire le pouce et les deux qui suivent; puis il levera l'avant-bras en baissant le coude; et après avoir préparé son coup, il frappera la bille comme s'il voulait la piquer.

Lorsque la bille de son adversaire ou la rouge se trouvera également collée contre une bande, et que la sienne, collée ou non, devra décrire en partant une ligne parallèle à la bande, il ne tirera ni l'une ni l'autre jamais pleine : autrement il s'exposerait à ce qu'on appelle le coup-dur, qui livre assez souvent le joueur, en lui faisant éprouver des pertes.

Il ne tâchera donc la susdite bille collée qu'au quart, ou tout au plus à la moitié de son diamètre, afin de lui laisser une issue pour se dégager de la bande, et s'éloigner.

Cependant, si cette même bille collée était près d'une blouse, et que la ligne que devrait suivre la sienne fût toujours parallèle à la bande, il pourrait alors tâcher le coup-dur, en observant de la prendre presque pleine, mais du côté opposé à la blouse; car, frappée de cette manière, elle fera un effort pour se dégager du côté de la blouse, et y tombera indubitablement.

Nombre de fois, toutes les billes se trouvent arrêtées à l'une des extrémités du billard : de sorte qu'avec sa queue ordinaire le joueur ne peut atteindre la sienne qui est derrière. La plupart, sans autre cérémonie, tournent leur instrument, et tirent avec le talon. Pour moi, je ne suis point partisan de cette méthode, qui sent trop l'origine du jeu, et qui, en effet, ne donne point de grâce au joueur. Il y a, dans tous les billards, une aînée et une cadette, réservées essentiellement pour le cas en question, et l'on doit toujours en faire usage : d'ailleurs, quel que soit l'inconvénient qui résulte de la longueur extraordinaire de ces queues, il est toujours moindre, même relativement à l'intérêt du joueur, que celui attaché au talon, dont le coup n'est jamais aussi juste.

Il advient encore quelquefois que la position de votre bille, près d'une des grandes bandes, vous oblige pour la jouer de vous tourner du côté gauche, ne pouvant l'atteindre de l'extrémité du billard dont elle est le plus éloignée. Vous prenez alors votre queue ordinaire de la main gauche, par le petit bout : vous la levez à la hauteur du billard, puis vous la passez derrière vous; et portant aussi derrière votre main droite, vous saisissez la poignée de la queue, et vous tirez votre coup. Cette attitude, quoiqu'un peu gênante, vous évite du moins l'inconvénient de jouer du talon, et vous avez ainsi plus d'espoir de réussir.

Il est des cas où un joueur, ayant la bille rouge derrière, et touchant la sienne, est obligé, pour ne pas billarder, de tirer sur la bille de son adversaire qui est devant. Dans cette position difficultueuse, l'aide de la main gauche ne peut que nuire; il faut donc tenir la queue avec la main droite seulement, et la lancer en manière de dard sur sa bille. Cette manière demande beaucoup d'adresse et de solidité dans la main. Nous avons vu l'un des plus forts joueurs, M. Ch......, dans un des billards les mieux composés de la capitale, y réussir à merveille, et bloquer même ainsi une bille, d'une extrémité du billard à l'autre.

Souvent la bille d'un joueur se trouve très près de la carambole sans la toucher, tandis que l'autre bille est sur la même ligne, mais très éloignée : alors, s'il ne prévoit aucun coup certain à faire, il se contentera de pousser le plus doucement possible sa bille sur la rouge, et de les faire toucher ensemble, sans les faire dévier de la même ligne. Par ce procédé, dont il ne doit cependant faire usage que quand les billes sont écartées des bandes, il privera son adversaire de toutes les chances qu'il aurait pu lui fournir en renvoyant loin de lui la bille rouge.

Si, par l'effet d'une perte quelconque, la bille d'un joueur se trouve dans le quartier, et que la rouge s'y trouve aussi près d'une blouse et livrée, il ne faut pas que, dans l'espoir incertain d'un seul point que son adversaire peut lui faire gagner, en étant obligé de tirer du haut, il balance de la faire : les plus mazettes déplacent souvent les billes dans le coup de bas, et peuvent même caramboler par racroc. Ainsi, un joueur compromet toujours sa partie, s'il se contente dans ce cas de se placer d'une manière propice pour exploiter une proie sur laquelle, ou l'habileté d'un adversaire consommé, ou le génie du hasard, plane sans cesse : d'ailleurs, nous n'avons qu'à considérer les grands joueurs. Pour moi, je n'ai jamais vu, ni au café Turc, ni au café de Malte, ni dans les autres que j'ai cités, les joueurs qui s'y distinguent manquer une seule fois à cet égard.

La bille d'un joueur vient d'être faite, et son adversaire, après avoir fait tout rentrer au quartier, obtient ce qu'on appelle le coup-de-bas, c'est-à-dire que le joueur est obligé, en tirant, de doubler préalablement avec sa bille la bande du haut. Dans ces occasions, je l'invite à ne pas diriger sa bille parallèlement aux grandes bandes, mais de lui faire décrire une diagonale, en la poussant vers un des grands coins : de sorte qu'en revenant frapper les bandes du bas elle puisse parcourir dans le quartier plusieurs directions, afin d'avoir plus d'occasions de toucher, ou de faire quelques billes.

Enfin, une bille est placée sur la même ligne que celle du joueur et de la blouse dont elle se trouve voisine (c'est ce qu'on appelle une bille droite). L'appréhension d'une perte probable doit indiquer au joueur ce qu'il doit faire. S'il se trouve à l'extrémité la plus éloignée du billard, il risque, en tirant cette bille pleine, de couler avec elle dans la blouse, par l'impulsion du coup qu'il n'est pas facile de serrer en pareil cas : il fera donc ensorte alors de la jouer en bricole ; il peut tâcher aussi de la croiser, pourvu qu'elle ne soit pas à une distance moindre de six pouces des bords les plus avancés de la blouse.

Voilà en général toutes les circonstances que j'ai pu prévoir dans ce petit

Traité. On n'a pas dû s'attendre que j'y fisse mention des coups ordinaires du billard, comme de bloquer, doubler, croiser une bille, etc. Les moins habiles n'ont pas besoin à cet égard de leçons, pourvu qu'ils sachent seulement toucher. Ainsi il suffit, pour remplir mon objet, que j'aie fait connaître les difficultés qu'il est nécessaire de surmonter, et les préceptes qu'il faut suivre pour y parvenir, afin d'acquérir, du moins dans le noble Jeu, une supériorité telle que l'on puisse éviter d'y être dupe, et se dédommager des frais qu'il en coûte quand on veut s'y amuser souvent.

SECTION QUATRIÈME.

De la manière de jouer, appliquée à la Partie à suivre.

Cette partie semble, au premier abord, ne différer de la Carambole que par le plus de chances qu'elle fournit au joueur : cependant, très souvent elle exige une méthode et des moyens d'exécution tout-à-fait contraires.

Quand un joueur, à la partie de la Carambole, voit de la probabilité à gagner quelques points, il tâche, en faisant une bille, un carambolage, etc., de ne rien livrer, en même temps, à son adversaire. Dans la Partie à suivre, c'est tout l'opposé ; car le joueur, lorsqu'il a des points assurés, doit se préparer d'autres points pour le coup qui va succéder, et par conséquent se livrer, à lui-même, autant de billes qu'il pourra.

Si la carambole ou bille rouge est sur la mouche, et que sa bille en soit près, pour la faire à la même blouse autant de fois de suite qu'il lui sera possible, il usera de cet expédient :

Il prendra une queue à effets, et fera à chaque coup revenir sa bille, à peu près à la même place qu'elle occupait avant d'avoir consommé le coup. Mais, me dira-t-on, il n'est pas aisé d'exécuter ce que vous recommandez ici. D'accord. On a vu, à la *section première*, que j'ai déjà donné un éveil pour faire comprendre la manière de réussir dans une pareille chance. Je vais actuellement donner à mon raisonnement le développement nécessaire pour ne rien laisser à desirer à ceux qui voudront entreprendre l'exécution de ce que je propose.

Personne n'ignore que le cuir a une propriété élastique. En faisant cette première réflexion, on concevra que ce corps a moins de moyens pour chasser une bille que le bois, dont l'opacité et la dureté sont beaucoup plus considérables. Si donc le bois l'emporte sur le cuir pour faire faire à un corps dur le mouvement de progression, le cuir l'emportera sur le bois pour le mouvement de rétrogradation. Maintenant, quant à la manière d'exécuter ce mouvement, supposons qu'une certaine position de billes vous oblige d'alonger le coup de queue : vous savez que cette opération consiste à appuyer plus long-temps qu'à l'ordinaire la queue sur votre bille, afin qu'elle se porte en avant, après avoir frappé celle de votre adversaire : or, pour atteindre le but contraire, c'est-à-dire pour faire rétrograder votre bille vers vous, il est évident qu'il faudra, en la frappant, y appuyer la queue le moins long-temps possible. Cette conclusion, purement fondée sur l'analogie des principes physiques, suffira, je l'espère, pour convaincre tout joueur, et l'amener, s'il n'est pas entièrement dépourvu d'adresse, à exécuter facilement ce dont il s'agit (1).

Si la carambole était cependant trop éloignée du joueur, je ne lui conseillerais pas de tenter le moyen dont nous venons de parler, le succès n'en étant pas ici très certain ; car, malgré toute l'adresse possible, une bille qui parcourt un long espace avant d'en frapper une autre est peu disposée à revenir, étant, par son propre poids, plus portée à avancer qu'à reculer. Aussi voit-on que lors-

---

(1) Nous avons vu plusieurs fois un habile joueur, habitué d'un des cinq cafés susdits, commencer et achever sans interruption une Partie à suivre, en bloquant la carambole huit fois de suite dans la même blouse, et cela par le moyen de la rétrogradation de sa bille.

qu'un joueur, même habile, veut bloquer, à une grande distance, une bille droite, il se blouse quelquefois.

Ce qu'on appelle serrer le coup ou le retenir n'est qu'une modification du procédé que nous venons d'indiquer, et que la plupart des joueurs entendent en général assez bien. Nous nous abstiendrons par conséquent d'en dire davantage à ce sujet.

Pour tous les autres coups, tant par rapport à la théorie qu'à la pratique, voyez la *section troisième*.

SECTION CINQUIEME.

De la manière de jouer, appliquée à la Poule.

Depuis environ vingt-cinq ans, on ne joue plus nulle part la Poule à toutes billes ou partie de la guerre ; ainsi l'on semble l'avoir mise pour jamais dans l'oubli. J'avoue que cette partie avait un inconvénient des plus graves ; mais n'aurait-on pas pu y remédier, en conservant le fond du jeu? En supprimant le saut, on pourrait encore jouir des plus jolis amusemens du billard. La Poule à deux billes, qui seule conserve aujourd'hui la vogue, est triste et monotone lorsqu'on la compare à l'autre qui, par la multiplicité des billes roulant sur le tapis, et par leurs tours variés, inspire la gaîté, donne lieu à des propos spirituels, et oblige les joueurs à plus de mouvement qu'ils n'en prennent à la poule à deux billes, où le plus souvent ils se morfondent, en attendant leur tour à jouer.

Si les Français sont accusés d'être inconstans, assurément ce n'est pas dans cette occasion qu'ils méritent ce reproche, car ils pêchent même par le contraire, et démontrent qu'ils n'aiment pas la variété permise en pareil cas. On ne désempare pas maintenant de cette sempiternelle poule à deux billes, et de la carambole à suivre. On a aussi banni la partie russe, bien plus divertissante que cette dernière. Les joueurs les plus médiocres la dédaignent, parce que, disent-ils, on y réussit trop facilement : mais si on la jouait comme on le doit faire, les meilleurs joueurs même y trouveraient plus de piquant, et plus d'occasions à montrer leur adresse et leur habileté. Aujourd'hui les deux billes rouge et bleue indistinctement, faites aux quatre blouses des grands coins du billard, sont comptées pour bonnes, et l'on n'a pas réfléchi que cette règle, admise sans doute par quelques joueurs inexpérimentés, est contre les principes constituans de la partie, qui veulent que la bille bleue ne soit réputée bonne qu'aux deux blouses du bas, et la rouge qu'aux deux blouses du haut. On ne peut calculer jusqu'à quel point cette unique réserve apporterait d'obstacles à la consommation des coups nombreux qu'offre la partie russe, et combien surtout le carambolage, qui y est si fréquent selon la manière dont on joue aujourd'hui, deviendrait plus rare et plus difficultueux. Ainsi tout le monde conçoit qu'en établissant les règles telles qu'elles ont dû indubitablement exister en principe, la partie russe reprendrait tout l'intérêt qui lui est propre, et que les bons joueurs même ne croiraient pas s'abaisser en s'y exerçant de temps en temps.

Mais revenons à la poule à deux billes. Les moyens d'exécution, et les procédés à employer pour cette partie, sont tous compris dans ceux des parties précédentes. Il n'y a qu'une seule exception : elle consiste dans l'acquit, sur lequel nous allons faire les explications convenables.

Est-il plus avantageux de donner ou de recevoir l'acquit ? Voilà la question que bien des joueurs se sont souvent faite, et qu'ils n'ont pas encore résolue. Pour nous, notre avis est que, si les deux joueurs sont d'une certaine force, il vaut mieux le recevoir que le donner, parce que, quelque difficulté qu'il puisse offrir, on a toujours plus de probabilité de se placer, après le coup, selon son intérêt, que d'être à la merci d'un adversaire qui ne cherche qu'à vous gêner ou à vous perdre.

Parmi les diverses manières de donner son acquit, une des meilleures, et que l'on emploie le plus fréquemment, est sans contredit de coller sa bille à la petite bande; mais il y en a encore d'autres qui présentent des piéges, comme de se poster entre les deux grandes bandes, très peu après les blouses du milieu, ou bien de se tapir sur le bord d'une de ces blouses et de s'y coller. Ce dernier acquit n'a lieu que très rarement, et il est le plus difficultueux de tous : car celui qui joue dessus, bien loin d'avoir aucune probabilité de faire la bille, peut à peine éviter une perte, ou de se mettre en prise à l'égard de son joueur. Si la bille est absolument collée à la bande, et immédiatement sur le bord de la blouse, il n'a pas d'autre ressource, pour retarder du moins sa défaite, que de la jouer en double bricole, car le coup est extrêmement scabreux. Néanmoins j'ai vu des joueurs, notamment au café Manoury, s'en tirer à merveille par ce moyen, et faire la bille sans se perdre.

Tels sont les préceptes et les instructions que nous nous sommes proposé de donner au public sur le plus intéressant et le plus salutaire des jeux. Ces préceptes et ces instructions peuvent s'appliquer à toutes les autres parties du billard dont nous jugeons inutile de parler, n'étant que des modifications accessoires de la partie de la carambole, de celle à suivre, et de la poule; et parce que nous ne doutons pas d'ailleurs de l'intelligence de nos lecteurs à savoir faire les applications et les comparaisons à propos. Cependant, s'il se trouvait des amateurs qui, non satisfaits de cette restriction, eussent quelque chose à desirer pour l'interprétation de certains coups difficiles, nous les invitons à voir le Vocabulaire, et à consulter les règles de chaque partie, exposées en détail à la suite de cet Opuscule, et que nous avons, de concert avec d'habiles joueurs, rectifiées selon nos principes établis : ils y trouveront un nouveau développement.

VOCABULAIRE

Et Explication de tous les Termes usités au Jeu de Billard.

Acquit. Celui qui, à la poule, à la partie russe, à la partie blanche, etc., doit jouer le premier, donne l'acquit qui consiste à envoyer sa bille, d'un seul coup de queue, n'importe dans quelle partie du billard, pourvu qu'elle dépasse les blouses du milieu.

Aînée. On donne ce nom à la grandissime queue, accrochée avec la cadette à l'un des côtés de la table du billard.

Alonger-le-coup. C'est appuyer sa queue plus long-temps qu'à l'ordinaire sur la bille que l'on veut frapper.

Bandes. On appelle ainsi les rebords de la table du billard qui s'élèvent à la hauteur d'une bille, et dont la partie inférieure rétrograde vers le fond. Il y a deux grandes bandes et deux petites : celles-ci se divisent en bande du haut et en bande du bas, et les autres en bande de droite et en bande de gauche.

Bas. C'est la partie de la table du billard qui est circonscrite par une ligne marquée avec une petite corde frottée de craie, et de laquelle, à la partie de la poule et autres, les joueurs commencent à tirer, comme étant le but.

Basin. Faire une bille au basin, c'est croiser une bille qui se trouve près d'une des grandes bandes, et qui va dans la blouse en longeant une petite.

Billarder. Lorsque deux billes se touchent, et qu'un joueur frappe la sienne deux fois, en poussant les deux billes ensemble, il billarde. (*Voy. les règles.*)

Bille. Il y a, au jeu de billard, bille blanche, bille rouge, bille bleue et bille jaune.

Bloquer. Se dit d'une bille qu'un joueur, d'un fort coup de queue, pousse avec la sienne dans une blouse voisine de cette bille.

Blouser (se), c'est se perdre. (*Voy. ce mot.*)

Blouses. Ce sont les six trous pratiqués aux bords de la table du billard, et dont tout le monde sait l'usage. Il y en a une à chacun des quatre angles, et au milieu de chaque grande bande. Leur situation est la même partout, mais elles, diffèrent dans quelques pays pour les accessoires.

Bredouille. Le joueur qui, aux parties à écrire, gagne deux, quatre, six points, etc., marque en bredouille. Il y a grande et petite bredouille. On donne aussi le nom de bredouille au petit pavillon qui sert à marquer la bredouille sur la planche percée.

Bredouiller. Marquer en bredouille d'après les règles.

Bricole. Signifie bande. Pour jouer une bille en bricole ou de bricole, il faut que le joueur qui tire dessus touche préalablement une bande avec la sienne.

Brioche. Coup facile qu'un joueur, par maladresse ou autrement, prépare à son adversaire.

But. Le but, à la partie de la carambole, est circonscrit dans un demi-cercle de six pouces de rayon, marqué à la craie, et dont les extrémités aboutissent, à égale distance des deux grandes bandes, sur la ligne qui sert de limite au quartier. A la poule ainsi qu'à la partie en trente-six points, etc., on n'a point d'égard au cercle, et le but s'étend sur toute la ligne, comme dans tout le quartier.

Cadette. Queue d'une longueur au-dessus de l'ordinaire, et qu'on accroche avec l'aînée à l'un des côtés du billard. On dit d'un joueur: *Il joue aussi bien avec la cadette qu'avec sa queue.*

Carambolage. Circonstance où un joueur, d'un seul coup de queue, touche deux billes avec la sienne.

Carambole. C'est le nom de la bille rouge.

Caramboler. Effectuer le carambolage.

Chouette. Un joueur fait la chouette, lorsqu'ayant lié une partie de carambole avec deux autres d'une force supérieure à la sienne, il joue sans interruption, tandis que l'un de ses deux adversaires doit attendre pour jouer que la chouette ait gagné des points à l'autre. Trois particuliers d'égale force peuvent jouer de la même manière, pourvu que celui qui fera la chouette cède des points.

Coller une bille. C'est la pousser contre une bande, et l'y faire tellement toucher qu'elle semble y être collée.

Contre, c'est-à-dire contre-coup. Il a lieu lorsqu'une bille, après en avoir touché une autre, la touche une seconde fois, soit par la réaction d'une bande, ou par celle d'une autre bille.

Corde. La petite corde-à-rouet qui est frottée de craie, sert à marquer la ligne qui fixe la limite du quartier. On l'emploie aussi à d'autres usages, comme à tracer le demi-cercle qui sert de but aux joueurs, et à lever tout doute sur une bille qui paraît être autant dehors que dedans le quartier. Cette expérience se fait ainsi : le garçon de billard, avec une personne de la galerie autre qu'un joueur, tiennent chacun une extrémité de la corde qu'ils posent ensuite sur chaque grande bande, directement au-dessus de la ligne du bas : alors le garçon la saisit par son milieu, la tire en haut, et la laisse retomber sur la bille. Si, par l'effet de ce coup, la bille va vers le haut, elle est réputée dehors ; si, au contraire, elle rétrograde vers le quartier, elle est censée dedans ; ensuite on la prend, et on la remet à sa place.

Coup-de-bas. C'est, à la partie de la carambole et autres, le coup par lequel un joueur, tandis que son adversaire est en main, fait rentrer, dans le quartier, toutes les billes, et oblige cet adversaire, lorsqu'il tire dessus, à doubler ; avant tout, la bande du haut.

Coup-dur. Une bille est tirée en plein sur une autre bille qui est collée contre une bande ; celle-ci reste à sa place, et la première revient sur ses pas : c'est ce qu'on appelle le *coup-dur*.

Craie. Les joueurs frottent avec la craie le plan de l'extrémité de leur queue, afin d'assurer davantage le coup sur la bille. Aujourd'hui cette craie est de plusieurs couleurs.

CROISER. Un joueur croise une bille lorsqu'il tire dessus, de manière à lui faire toucher une des bandes, tandis que la sienne, après avoir touché la bande adjacente, revient et passe près de la première : ce qui fait qu'elles décrivent deux lignes opposées qui figurent une espèce de croix. *Voilà un beau croisé, ce croisé est bien pris.*

DÉBREDOUILLER. Faire perdre la bredouille à son adversaire.

DEDANS. A la partie de la carambole, etc., une bille est dedans, lorsqu'elle est en-deçà de la ligne du bas.

DEHORS. Une bille est dehors lorsqu'elle est au de-là de la ligne du bas.

DOUBLER UNE BILLE. Un joueur double la bille de son adversaire lorsqu'après lui avoir fait frapper une bande quelconque, elle revient ensuite, et s'éloigne de la sienne.

DROITE. On dit d'une bille qu'elle est droite, lorsqu'étant placée près d'une blouse elle se trouve, en même temps, sur la même ligne que celle du joueur et de la blouse; de sorte que pour la faire il faut la tirer en plein, ou de bricole si elle n'est pas trop éloignée d'une bande.

Ecorcher. On dit d'un joueur qu'il écorche une bille, lorsque, l'ayant tâchée pleine ou demi-pleine, il ne fait à peine que l'effleurer, et se met, le plus souvent ainsi, à la merci de son adversaire.

Enfoncer. Bloquer une bille. *Je vous enfonce, il m'a enfoncé.*

Faire une bille. Un joueur fait la bille, quand, par le moyen de la sienne, il l'envoie dans une blouse.

Fausse-queue. Faire fausse queue, c'est donner de travers un coup de queue sur la bille que l'on veut frapper, c'est-à-dire la frapper de manière que le plan de l'extrémité de la queue ne soit pas également incliné sur cette bille.

Fichet. C'est ce qui sert, aux parties à écrire, à marquer sur une petite planche percée de trous.

GANACHE. Mauvais joueur qui a la prétention de bien jouer.

GANACHER. Faire un coup digne d'une ganache.

HAUT. On appelle le haut du billard l'extrémité de la table opposée à celle du bas, et où l'on donne ordinairement l'acquit.

JETONS. Dans les diverses parties à écrire, les joueurs se servent de jetons, pour se fixer dans le résultat de leur jeu.

LACHER LE COUP. C'est la même chose qu'alonger le coup. (*Voy. ce mot.*)

LIME. La lime est grande de six pouces ou environ : elle sert à limer le plan de l'extrémité des queues lorsqu'il se trouve dégradé par l'usage.

LIVRER. Livrer une bille, c'est, par le résultat d'un coup mal-adroit ou imprévu, la mettre près d'une blouse; ce dont profite l'adversaire.

MAIN. Etre en main. Un joueur est en main lorsque son adversaire vient de faire sa bille, ou qu'il vient de se perdre lui-même, et qu'il doit jouer du but.

MAZETTE. Joueur qui n'a aucune disposition ni aucune connaissance de la théorie du jeu. *Une mazette est quelquefois à craindre.*

MÊME. Faire une bille au même, c'est la faire à la blouse dont elle est le plus près.

MOITIÉ-PARTOUT. Un joueur achète moitié-partout, lorsqu'il assure d'abord au vendeur la moitié de sa mise, et qu'il lui promet en outre la moitié du produit de la poule, dans le cas où il la gagnera.

MOUCHE. Est un petit morceau de taffetas d'Angleterre, rond, et grand à peu près comme une pièce de dix sous, fixé sur le tapis du billard, et qui est destiné à marquer la place de certaines billes, selon les parties que l'on joue. Il y a quatre mouches, une au milieu du but, une autre au centre du billard, une troisième vers l'extrémité du haut, et une quatrième enfin à la distance de deux billes de la petite bande. Cette dernière sert, à la poule, à poser la bille de l'acquit à la pénitence; celle du haut est destinée à la bille rouge quand on joue la carambole, celle du centre à la bille jaune de la partie russe, et celle du but à la bille bleue de la même partie.

Mort. Se dit, à la poule, d'un joueur dont la bille est marquée au tableau un certain nombre de fois, selon les règles, et d'après quoi il ne peut plus jouer de la partie. *Monsieur un tel est mort*, c'est-à-dire la bille qu'avait Monsieur tel est morte.

Mourir. A la poule, mourir en un, en deux, en trois, en quatre, signifie mourir en une marque, en deux, trois, quatre, suivant le nombre des joueurs.

Partenaire. Est celui qui, à la partie-à-quatre, est associé avec un joueur pour agir de concert contre les deux autres.

Peau de chien. La peau de chien sert au billard à dégager l'extrémité supérieure des queues des petites aspérités qui peuvent s'y trouver, et qui l'empêchent de glisser facilement sur les doigts de la main gauche.

Pendule artificielle. C'est uniquement un cadran avec deux aiguilles mobiles qui marquent, comme celles des véritables pendules, l'une les heures, l'autre les minutes. Voici son usage : Lorsque les joueurs commencent à se mettre au jeu, le garçon de billard regarde à la véritable pendule quelle heure il est ; après cela il dirige avec le doigt, sur la même heure, les aiguilles de la pendule artificielle, et ferme à la clé le petit chassis vitré sous lequel est renfermé le cadran. Les joueurs ayant fini de jouer, le garçon regarde une seconde fois quelle heure marque la véritable pendule ; et jetant ensuite les yeux sur l'autre, il peut calculer à la minute le temps qu'ont mis les joueurs à faire leurs parties, sans appréhender des erreurs préjudiciables auxquelles l'oubli donne souvent occasion. De cette manière, ni le public, ni le propriétaire du billard, ne peuvent être dupes.

Pénitence. Mettre une bille à la pénitence, c'est la placer sur la mouche qui est la plus près de la petite bande du haut. Celui qui, à la poule, ne donne pas, d'un seul coup de queue, un acquit qui lui convienne, fait mettre sa bille à la pénitence.

PERDRE (se). Un joueur se perd lorsque, au lieu d'envoyer, en tirant son coup, la bille de son adversaire dans la blouse, la sienne y tombe ; il est de même réputé perdu quand l'autre bille tomberait du même coup dans une seconde blouse.

PISTOLET. Un joueur fait, au pistolet, la bille sur laquelle il tire, lorsque, tenant sa queue seulement de la main droite, il la porte sur sa bille comme pour la piquer.

PLEINE. On dit d'un joueur qu'il prend la bille pleine, quand il tâche la bille de son adversaire, de manière en ce qu'en visant de niveau, la sienne paraîtrait la couvrir, et ne lui en laisserait rien voir, ni à droite, ni à gauche.

POSTILLON. Il y a premier, second, troisième postillon ; ils se paient, selon les diverses parties à écrire, 8, 16, 28, 56 jetons

Poule (petite). C'est la masse qu'indépendamment de la mise ordinaire, les joueurs forment au milieu du billard, en mettant chacun une pièce de monnaie, et que gagne celui qui a le plus fort numéro.

Prendre-a-faire. A la poule, quand un joueur veut prendre à faire, il faut qu'il dise, à haute et intelligible voix : *Je prends à faire.* Alors celui auquel c'était le tour à jouer lui cède son coup; s'il ne fait pas la bille, il est marqué au tableau. (*Voyez les règles.*)

Prise (se mettre en). La bille d'un joueur, après un coup malheureux et imprévu, se trouve portée près d'une blouse, et à proximité de celle de son adversaire, ce qui donne à celui-ci la faculté de gagner des points : ainsi le joueur se met en prise. On dit souvent : *Tâchez de sortir du coup sans vous mettre en prise.*

Procédés (queues à). Sont des queues auxquelles, depuis quelques années, on a fait une modification qui consiste en un morceau de cuir fixé sur le plan de l'extrémité supérieure;

modification qui les rend plus propres à faire rétrograder la bille du joueur, quand la disposition de son jeu l'exige.

PUCEAU. Se dit d'un joueur dont la bille n'a encore eu aucune marque au tableau. On dit : *Il a gagné la poule puceau.*

PUCELLE. Est la bille qui, à la poule, n'a point été marquée.

QUARTIER. Est l'espace compris entre la petite bande du bas et la ligne marquée à la craie, d'où les joueurs commencent à tirer. *Rentrer au quartier, mettre tout au quartier.*

RACCROC. Quand il arrive qu'un joueur, et le plus souvent une mazette, fait au hasard une bille qu'il n'avait point tâchée à la blouse où elle tombe, c'est un raccroc.

RACCROCHEUR. Celui qui fait des raccrocs.

RATELIER. Espèce de chassis avec une petite planche dans le haut, qui est garnie de trous pour placer les queues.

REMETTRE UNE PARTIE. Deux joueurs, soit à la carambole ou autre, sont parvenus l'un et l'autre à gagner un nombre de points presque égal, et approchant de celui fixé par les règles pour compléter la partie ; alors, de leur consentement mutuel, ils conviennent de porter ce nombre plus haut, soit pour prolonger l'espoir qu'a chacun de gagner, soit par pur amusement, et dans la vue de faire diversion. C'est ce qu'on appelle *remettre une partie.*

Rentrer. Se dit, à la carambole, d'une bille qu'un joueur, après avoir fait celle de son adversaire, dirige dans la partie du billard appelée quartier. (*Voyez ce mot.*)

Rois. Terme de la partie à écrire. La partie à écrire se joue en huit rois.

Sauter. Une bille saute lorsque le joueur, par un coup porté sans mesure, l'envoie hors du billard.

Sauver. A la poule, sauver la mise à un joueur, c'est la lui assurer en cas qu'il perde, se l'acquérir à soi-même, s'il la gagne.

Sauver cinq blouses. Un habile joueur sauve cinq blouses à un adversaire encore novice, c'est-à-dire qu'il lui donne l'avantage de compter toutes les billes qu'il fera à ces cinq blouses, tandis que lui-même ne comptera ses billes faites qu'à une seule blouse désignée.

Sauver le coup. Eviter à un joueur les résultats d'un mauvais coup, sous certaines conditions.

Serrer le coup. Un joueur serre le coup lorsqu'à la partie de la carambole la position de sa bille avec celle des deux autres offrant un angle très peu ouvert, il tâche le carambolage. Il serre aussi le coup, lorsqu'ayant une bille droite à bloquer, il veut éviter de se perdre.

Son. Il doit toujours y avoir du son dans un billard : son usage est d'ôter des mains l'humidité causée par une trop grande transpiration, et qui s'oppose souvent aux succès des joueurs, en gênant le mouvement de l'extrémité de la queue sur les doigts de la main gauche.

Sortir. Une bille sort, lorsqu'étant jouée du haut du billard, et ayant frappé la petite bande du bas, elle revient et dépasse la ligne du quartier. *La bille est sortie, elle est dehors : tout est dehors*, pour signifier que toutes les billes sont sorties.

Tacher une bille. Avoir l'intention de la faire à telle ou à telle blouse que l'on désigne si l'on veut, ou annoncer qu'on la jouera de telle ou telle manière.

Talon. On appelle ainsi le gros bout de la queue qui sert à jouer au billard. *Jouer du talon ; je ne sais pas jouer du talon.*

Talon (Coup de). Il a lieu le plus souvent à la poule, lorsque la bille de celui qui a donné l'acquit est posée sur la mouche de la pénitence; alors celui qui tire dessus frappe la bande avant la bille, et ne la prend ainsi que par derrière.

Tenir le billard. Faire attention lorsqu'on est en main, et que l'on joue du but, de se disposer de manière à ce que les pieds ne dépassent point l'une ou l'autre des deux lignes tracées à terre dans le même alignement que les deux grandes bandes.

TRIPLET. On fait une bille au triplet, lorsqu'après lui avoir fait doubler deux bandes opposées, on la fait tomber dans une blouse.

VENDRE MISE EN POCHE. C'est vendre l'équivalent de deux mises.

VENDRE MISE ET. L'acheteur s'oblige ici, dans le cas qu'il gagne la poule, d'en rembourser au vendeur la moitié plus la mise; et, dans le cas contraire, de lui rembourser seulement deux mises.

VENDRE MISE OU. C'est vendre avec la condition que l'acheteur remboursera au vendeur la mise pure et simple, ou qu'il le fera participer à la moitié de la poule, s'il la gagne.

VENDRE MOITIÉ PARTOUT. (*Voyez* MOITIÉ PARTOUT.)

FIN DU VOCABULAIRE.

ANECDOTES.

Il y avait dans un billard fort renommé de cette capitale, parmi les joueurs qui faisaient la poule, deux particuliers dont l'un était fils de l'autre, et, par parenthèse, d'une constitution très maigre. Comme, d'après le tirage des billes, il se trouvait le joueur de son père, il se présenta une circonstance où il ne put s'empêcher de faire la bille de l'auteur de ses jours ; chacun de s'écrier là-dessus : *O le fils ingrat, ô le fils engrat !* Vous avez raison, leur dit-il, de m'appeler ainsi, car j'avoue que je suis bien maigre. (*Ingras.*)

Un particulier, jouant au billard, agitait ridiculement tous ses membres, et faisait, certes, beaucoup plus de mouvemens qu'il ne l'aurait dû, comme voulant conduire de ses gestes, dans les blouses, chaque bille qu'il tâchait : de sorte qu'en le voyant ainsi ; tantôt les bras en l'air, tantôt les jambes, un des joueurs s'avisa de dire qu'il ressemblait à un *télégraphe*. Depuis, le sobriquet de *Télégraphe* lui en est resté ; et n'ayant pu s'accoutumer à s'entendre appeler de cette manière par les habitués du billard, il a pris le parti de renoncer à y revenir (1).

Naïveté.

Un novice, qui à peine savait toucher, fut accosté dans un billard par un joueur habile qu'il connaissait. Celui-ci lui pro-

---

(1) Nous n'avons rapporté cette anecdote que dans la vue de corriger ceux qui tombent dans le défaut de trop gesticuler.

posa de faire une partie, en lui offrant, vu son extrême faiblesse, de lui sauver cinq blouses. Le jeune Candide, qui avait hésité un moment, répondit enfin à celui qui lui faisait la proposition : Qu'il voulait bien jouer avec lui, pourvu cependant qu'il lui sauvât *six blouses*.

Un joueur distingué, qui se nommait *Odile*, indisposait tous ses cohabitués contre lui, parce qu'il ne manquait de faire aucune des billes qui se trouvaient sous sa queue. Les autres joueurs, pour l'intimider, s'efforçaient à lui tendre toutes sortes de piéges : enfin l'un d'eux, ayant réussi à faire sa bille, s'applaudissait beaucoup, en lançant des sarcasmes contre M. Odile : celui-ci, pour user de représailles et se venger, finit par dire à son joueur : Vous êtes un crocodile (*croque-Odile.*)

Pendant le séjour que firent à Paris les troupes étrangères, il se présenta au café Turc un jeune Anglais, très renommé pour un des plus forts joueurs. Il avait entendu dire que M. ***, habitué de ce café, était aussi un joueur des plus distingués. Ces deux champions lièrent donc ensemble une partie. Un grand nombre de curieux étaient déjà entrés au billard avec l'Anglais; mais lorsqu'on eut appris qu'il devait jouer avec M. ***, le public se porta en foule dans cet établissement, et intercepta bientôt tout passage ; de sorte que les amateurs, qui remplissaient déjà les banquettes de la grande salle où devait avoir lieu le combat, furent obligés de se lever, les spectateurs avides s'étant avancés jusqu'aux bords de la table du billard, et ne laissant que l'espace absolument nécessaire pour la circulation des joueurs. Le propriétaire du café ne put même obtenir de faire descendre, de dessus le grandissime poële qui se trouve dans cette salle, les personnes qui y étaient montées pour mieux jouir du spectacle : il fallut que le public satisfît sa curiosité à quelque prix que ce fût. Jamais on ne vit, à une partie de billard, assister une si grande multitude d'amateurs. Pour moi, je tâchai de me glisser dans le fond, du côté du bas du billard. Là, je fus à même de voir que le jeune Anglais était bien inférieur à M. ***, soit pour la théorie du jeu, soit pour l'exécution. Ce à quoi il paraissait principalement s'attacher était de grands carambolages, dans le genre de M. ***, du café Manoury : encore n'y excellait-il pas comme ce dernier. Enfin, pour résultat, sur trois parties qu'il jouait avec son redoutable adversaire, il en perdait ordinairement deux ; et sur cinq, toujours trois.

Un joueur, sur un coup intéressant, étant à s'ajuster, pria un particulier, qui se trouvait un peu trop près du billard, de se reculer ; le particulier obéit aussitôt, mais le joueur ne fut point satisfait. Tout rempli du grand coup qu'il médite, il aperçoit, à l'autre extrémité du billard, un chien remuant la queue : ce mouvement l'inquiète ; aussitôt il crie, avec humeur, à son maître : « *Défendez donc à votre chien de remuer la queue.* » Oubliant ainsi, dans ses réflexions, que cette défense était impossible.

FIN DES ANECDOTES.

RÈGLES
DU JEU DE BILLARD,

D'après les plus habiles joueurs, MM. Ch., M.e, et autres, et telles qu'elles se pratiquent aujourd'hui.

Partie de la Carambole.

Art. 1er. Les parties se jouent en vingt points, se paient 25 centimes (5 *sous*) à la lumière, et la moitié au jour (1); si elles sont remises, on les paie à proportion. Les parties à quatre se jouent en

---

(1) En général on joue plus à l'heure qu'à la partie. Le prix moyen est à raison de 75 centimes pendant le jour, et d'un franc 50 cent. à la lumière.

seize points, et se paient comme ci-dessus ; celles à trois de même, lorsqu'un des trois joueurs fait la chouette.

2. La partie de la carambole se joue avec trois billes, dont une rouge et deux blanches, qui sont celles dont se servent les joueurs. La bille rouge, que l'on nomme aussi carambole, vaut trois points, et chaque blanche deux points. Le saut est nul dans toutes les parties, excepté pour la bille du joueur qui est censée perdue.

3. Les deux joueurs, ayant remarqué le point de leur bille, tireront à qui jouera le premier sur la rouge ; ce sera celui qui sera le plus près de la petite bande du bas, en observant qu'il faut avoir touché préalablement la petite bande du haut.

4. Le joueur qui tirera le second pour voir à qui jouera le premier, ne pourra tirer sur la bille de son adversaire ; s'il la

dérange avec la sienne, il perdra l'avantage du coup.

5. Le maître du billard, ou le garçon qui le représente, formera un demi-cercle de six pouces de rayon, tiré du centre de la corde qui formera le bas, dans l'espace duquel demi-cercle les joueurs se placeront à volonté, ce demi-cercle étant le but.

6. La rouge sera placée sur la mouche, et sera bonne partout où elle sera faite.

7. Celui qui jouera le second pourra tirer sur la bille qu'il jugera à propos, excepté sur celle qui se trouvera dans le quartier; si elles s'y trouvaient toutes deux, alors il serait obligé de tirer du haut en bricole.

8. Lorsque l'on tire du but, il faut avoir les deux pieds et le corps dans le billard, c'est-à-dire entre les deux raies qui seront tirées à cet effet dans le même alignement que les deux grandes bandes.

9. Lorsqu'un joueur aura joué hors du billard, ou hors du but, ou sans avoir un pied à terre, le coup sera bon pour la perte comme pour le gain : c'est à son adversaire à lui faire observer cet article avant de lui laisser jouer le coup.

10. On joue sans surprise de bille; celui qui joue celle de son adversaire sans avoir été prévenu fait le coup bon pour la perte comme pour le gain.

11. Celui qui carambolera, c'est-à-dire qui avec sa bille touchera les deux autres billes du même coup, gagnera deux points; s'il fait la bille blanche en carambolant, il en gagnera quatre; et s'il fait les deux billes en carambolant de même, il en gagnera sept; s'il se perd, il en perdra autant qu'il en aurait gagné.

12. Dans tous les cas possibles, soit dans les parties de convention ou de règle, le joueur, en se perdant, ne peut per-

dre qu'autant de points qu'il en aurait gagné dans le cas contraire.

13. Celui qui fera sauter la bille de son adversaire et carambolera du même coup, comptera deux points ; s'il fait la rouge, il en gagnera cinq. Si c'est la rouge qu'il ait fait sauter, et qu'il ait fait la blanche en carambolant, il gagnera quatre points.

14. Si un joueur fait sauter la bille de son adversaire, et que ce dernier la renvoie sur le tapis, elle sera toujours réputée hors du billard ; il en sera de même de la rouge : le joueur, hors le saut, tirera tout l'avantage de son coup. Si la bille du joueur, sautant, est renvoyée sur le tapis par son adversaire ou quelque autre personne que ce soit, elle sera de même réputée hors du billard, et il perdra autant de points que si la bille n'avait pas été arrêtée dans le saut.

15. Les billes qui resteront sur la bande, soit celle du joueur ou autres, seront aussi réputées hors du billard.

16. Si la rouge ou carambole se trouve faite, et que celui qui doit jouer le coup joue avant qu'elle ne soit remise à sa place, il perdra un point, et ne pourra tirer aucun avantage de son coup.

17. Si le joueur, ayant posé sa main sur le tapis pour jouer son coup, touche mal à propos sa bille ou une autre, il perdra un point, et son coup sera censé joué; les billes dérangées seront remises à leur place.

18. Si le joueur, allant ou étant à sa bille, en dérange quelqu'une avant de s'ajuster, c'est-à-dire avant d'avoir posé sa main sur le tapis, il perdra autant de points qu'il aura dérangé de billes, lesquels seront comptés sur-le-champ; il

jouera de suite son coup, duquel il tirera tout l'avantage qu'il pourra.

19. Celui qui, en jouant, dérange quelque bille avant que son coup ne soit consommé, perdra autant de points qu'il en aura dérangé ; elles seront remises à leur place, et il ne comptera rien ; mais si c'est après que le coup est consommé, c'est-à-dire toutes billes arrêtées, il perdra de même autant de points qu'il aura dérangé de billes, et tirera ensuite tout l'avantage de son coup.

20. Lorsque le joueur tirera du but, soit en commençant ou pendant la partie, et qu'il se trouvera quelques billes dans le demi-cercle qui forme ledit but, il ne pourra les déranger pour se placer, pouvant disposer de tout l'espace restant du demi-cercle.

21. Lorsqu'une bille se trouvera partager également la raie qui forme le bas, elle sera réputée du bas ; il en sera de

même du demi-cercle formant le but, celui qui a joué le coup devant en tirer tout l'avantage.

22. Lorsque le joueur billarde, c'est-à-dire lorsqu'il pousse les deux billes ensemble, il perd un point, et relève sa bille; les autres restent où elles se trouvent.

23. Si, des trois billes se trouvant jointes ensemble, le joueur n'en fait remuer aucune, il perd un point; s'il en fait remuer une, il ne perd rien; et s'il les fait remuer toutes deux lorsqu'il se trouve entre, il est censé avoir carambolé, et gagne deux points.

24. Lorsque la rouge se trouvera faite, et qu'une bille blanche occupera sa place sur la mouche, ladite bille rouge sera mise au milieu du billard, entre les deux blouses; et si sa place sur la mouche se trouve vacante avant qu'elle ait été touchée par l'un des joueurs qui aurait pu

tirer dessus, elle sera remise sur ladite mouche.

25. Si les deux joueurs se servent de la même queue, et que l'un d'eux, en la renvoyant à l'autre, arrête sa bille roulante avant d'avoir touché, il perd trois points; si ladite bille touche la rouge après avoir touché la blanche, c'est-à-dire s'il carambole par ce coup fortuit, il en perd seulement deux; s'il arrête la bille roulante de son adversaire, il ne perd qu'un point, de même que pour la rouge; mais s'il ne touche lesdites billes de la même queue renvoyée, que lorsque le coup sera consommé, c'est-à-dire toutes billes arrêtées, il ne perdra rien, et les billes dérangées seront remises à leur place.

26. Si le joueur, après avoir joué son coup, souffle sur quelques billes roulantes, ou donne au billard quelques secousses qui puissent leur faire faire

un autre effet que celui qu'elles auraient éprouvé par le choc de la bille jouée, il perd un point, et ne tire aucun produit de son coup. Si c'est l'adversaire qui souffle sur sa bille, il perd deux points, et sur la rouge trois; sur celle du joueur, avant d'avoir touché, il perd un point, et le joueur recommencera son coup, s'il le juge à propos; si c'est après avoir touché, il perd deux points si le joueur a tiré sur la blanche, et trois points si c'est sur la rouge : les billes resteront où elles se trouveront.

27. Si un joueur, ayant manqué à toucher, dérange quelques billes, soit avec sa main ou son instrument, il perd, indépendamment du manque-à-toucher, autant de points qu'il aura dérangé de billes, et lesdites billes seront remises à leur place.

28. Si un joueur, prêt à jouer, ou en jouant son coup, est touché par quel-

que autre joueur, ou par ún des spectateurs, il recommencera son coup sans perdre de points, pourvu toutefois que lesdits joueurs ou spectateurs avouent l'avoir réellement touché. Si c'est le joueur qui remue lui-même sa bille en laissant tomber sa queue sur le tapis, ou la touche de côté, sans toucher celle de son adversaire, il perd un point, et son coup est censé avoir été joué, en quelque part qu'aille sa bille; si elle tombe dans une blouse, il perd trois points.

29. Si une bille, arrêtée sur le bord d'une blouse, y tombe avant d'avoir été touchée par celle du joueur, quand celle-ci roule encore, les deux billes, c'est-à-dire celle du joueur et celle tombée dans la blouse, seront remises à leur place, et le joueur recommencera son coup; mais si cette bille ne tombe dans la blouse que lorsque la bille du joueur sera arrêtée, son coup sera consommé.

30. Il arrive quelquefois que les deux billes se trouvent touchant l'une à l'autre au-dessus d'une blouse, de manière qu'elles ne sont ni dedans ni dehors : alors elles ne sont plus réputées être sur le tapis, et celui qui a joué le coup perd deux points.

31. Qui joue sur une bille encore roulante perd un point.

32. Quand un joueur reçoit l'avantage de quelques points, et que, par inadvertance, ils n'aient pas été comptés, il peut y revenir pendant tout le courant de la partie.

33. Lorsqu'un joueur ne joue plus que pour un point, il ne peut le réclamer sur tel coup que ce soit, puisque ce point lui ferait gagner la partie. Comme ce serait une surprise, la partie serait remise en un point de plus, si le coup se jouait sans que celui qui a donné le point y fît attention.

34. Lorsque les joueurs, dans le courant de la partie, conviennent de la recommencer ou de changer leur jeu, ce sera toujours à celui qui aura commencé ladite partie à jouer le premier, à moins d'une convention particulière.

35. Quand les joueurs jouent un déjeûné ou les rafraîchissemens, celui qui perd paie les frais.

36. Lorsque les joueurs jouent de l'argent, celui qui gagne paie les frais; si le gain n'est pas suffisant, les deux joueurs paieront le surplus par moitié.

37. Lorsque les joueurs parient ensemble de l'argent en jouant les frais, c'est celui qui gagne au pari qui paie les frais.

38. Lorsque les joueurs parient avec la galerie, ils ne peuvent faire ensemble, dans le courant de la partie, aucun arrangement ni convention préjudiciables

aux intérêts de leurs parieurs ; dans ce cas les paris deviendraient nuls.

3. Les paris et gageures équivoques sont nuls.

4. S'il arrivait quelque coup qu'on n'eût pu prévoir dans ces règles, le maître du billard, ou le garçon qui le représente, recueillera les voix de la galerie ; si elles se trouvent partagées également, celle du maître ou du garçon décidera le cas.

De l'occupation du billard.

Art. 1er. Si l'un des joueurs quitte pour ne plus jouer, le billard reste de droit à celui qui vient de jouer, s'il a une partie [illegible]ile.

2. Lorsqu'on a fait la partie à quatre, et qu'un des joueurs ou deux quittent,

le billard restera de droit aux deux restans, s'ils continuent de jouer ensemble; mais si ces deux premiers ne quittent que pour jouer en tête-à-tête, ils ne pourront tirer le billard; s'ils quittent tous les quatre, ils auront tous le droit de tirer le billard, ayant partie faite.

3. Il faut, pour avoir le billard, faire une bille ou un carambolage : sinon les joueurs qui l'ont quitté, frais payés ou non, pourront le reprendre.

4. Lorsque les deux joueurs occuperont le billard, soit en jouant des frais ou de l'argent, personne, sous quelque prétexte que ce soit, ne pourra le leur ôter.

Partie-à-suivre.

Art. 1er. Cette partie se joue en vingt-quatre points. Celui qui commence joue sur la rouge, reste à sa place, et continue tant qu'il fait la bille ou le carambolage.

2. Celui qui joue le second joue sur celle qu'il juge à propos, lorsqu'elles sont toutes deux du haut, continue tant qu'il gagne des points, soit en bille, soit en carambolage, et joue toujours où sa bille se trouve.

3. On est obligé d'observer le cercle de la partie de la carambole.

Partie tout-de-bricole.

Art. 1er. Si l'un des joueurs touche la bille de celui contre lequel il joue, avant d'avoir touché une bande, il perd un point ; s'il se perd, il en perd trois.

2. Pour tous les autres coups, on aura recours à la partie de la carambole.

Partie blanche.

Art. 1er. Les joueurs remarqueront d'abord le point de leur bille, et tireront à qui donnera l'acquit : le plus près de la petite bande fera donner l'acquit.

2. On joue sans surprise de bille : celui qui laisse jouer sa bille ne peut faire perdre de point au joueur, et le coup est bon pour la perte comme pour le gain.

3. Celui qui tire sur l'acquit peut se placer à sa volonté, partout au-dessous de la ligne qui borne le bas;

4. Lorsque le joueur tire du but, il doit se mettre dans le billard, et avoir un pied par terre.

5. L'acquit se donne d'un seul coup de queue et au-dessus des blouses du milieu: celui qui doit tirer dessus peut le faire

redonner s'il n'est pas d'un seul coup, ou le trouver bon, soit au-dessous, soit au-dessus desdites blouses.

6. Si la bille de celui qui donne l'acquit revient au-dessous des blouses du milieu, après avoir touché la petite bande du haut, l'acquit est bon, excepté dans le bas: alors il se redonne.

7. A l'égard du manque-à-toucher et de la perte, *voyez les règles de la poule.*

8. S'il arrivait que la bille du joueur fût arrêtée roulante avant d'avoir touché, soit par quelque autre joueur ou particulier, il recommencera son coup; mais si ce n'est qu'après avoir touché, on placera ladite bille où l'on jugera qu'elle pouvait aller; de même des autres billes arrêtées.

9. Lorsqu'une bille reste sur la bande, elle est censée hors du billard; le joueur ne gagne rien, et donne son acquit: si c'est celle du joueur qui ait sauté ou res-

té sur la bande, il perd une marque, et celui qui la gagne donne l'acquit.

10. Lorsque sur quelque coup les joueurs conviennent de relever les billes, et qu'ils les relèvent sans autre explication, c'est à celui qui en fait la proposition à donner l'acquit, à moins que sur le coup l'un des joueurs ait fait l'avantage de quelques points ; alors c'est à celui qui les a reçus à donner l'acquit.

11. A l'égard de tous les autres coups qui pourraient arriver et qui ne sont pas sur ces règles, on aura recours à celles de la partie de la carambole.

Doublet-à-Doublet avec la carambole.

Art. 1er. La partie de doublet-à-doublet franc, c'est-à-dire sans bricole ni coup de talon, et dans laquelle le contre-coup est bon, se joue en douze points, et à la partie blanche en huit points.

2. Pour tous les autres coups, on consultera les règles de la carambole.

Partie de Commande.

Art. 1er. Lorsque le joueur qui commande nomme deux billes, le joueur commandé tirera toujours sur la première nommée.

2. Si le joueur commandé ne touche pas la bille nommée la première, il perd un point, et ne peut tirer aucun avantage de son coup; la bille touchée est remise à sa place, et les autres restent où elles se trouvent.

3. Lorsqu'un joueur a commandé une bille, et que celui qui tire dessus manque à toucher, son adversaire pourra le faire

recommencer, s'il n'a pas touché la bande la plus près de la bille commandée, et passé ladite bille en hauteur.

4. Pour tous les autres coups, *voyez* la partie de la carambole.

Partie des Cinq Blouses, à la carambole.

Art. 1er. Cette partie se joue en quinze points, et à la blanche en dix.

2. Quand un joueur sauve cinq blouses, il ne compte que les billes qu'il fait dans sa blouse, ainsi que les carambolages et les fautes de son adversaire.

3. Lorsque le joueur qui sauve cinq blouses se perd dans la sienne, il compte tous les points qu'il a faits du coup; mais s'il se perd dans une des cinq autres

blouses, son adversaire compte autant d points qu'il en aurait gagné, s'il se fut perdu dans sa blouse.

4. Le joueur à qui l'on sauve cinq blouses ne compte rien des points qu'il fait dans la blouse de son adversaire. S'il s'y perd, il perd comme ci-dessus, et autant de points qu'il en aurait gagné.

5. Lorsqu'un joueur sauve cinq blouses à perte et à gain, il compte toutes les billes qui entrent dans sa blouse, soit faites par lui ou son adversaire.

6. Lorsque les joueurs se sauvent réciproquement cinq blouses, la partie se joue en douze points à la carambole, et en huit points à la partie blanche.

7. Pour tous les autres coups, *voyez* la partie de la carambole.

Partie de la Perte, à la carambole.

Art. 1er. Quand on joue la perte seulement, celui qui fait des points ne compte ni ne perd rien ; mais si du même coup il se perd, il gagne autant de points qu'il en a fait.

2. Quand on joue perte et gain, celui qui fait des points les compte ; si du même coup il se perd, il compte non seulement les points qu'il a faits, mais encore ceux de sa perte, c'est-à-dire, deux points s'il a tiré sur la blanche, et trois s'il a tiré sur la rouge.

Partie de Lorraine.

Art. 1er. Le joueur qui commence tire sur la rouge ; lorsqu'il l'a eue faite, elle est remise à sa place, et sa bille sur l'acquit.

2. Le second joue sur celle qu'il juge à propos, en observant qu'il ne peut pas tirer deux fois sur la même, à moins qu'elle ne reste seule sur le tapis.

3. La partie se joue en vingt points.

4. Le carambolage ne fait point suivre.

5. Pour tous les autres coups, *voyez* la carambole.

Carambole russe.

Art. 1er. La partie se fait en trente-six ou quarante points; il faut, pour jouer cette partie, cinq billes, savoir : une rouge, une jaune, une bleue et deux blanches.

2. La bille rouge se place sur la mouche du haut.

3. La bille jaune se place au milieu.

4. La bille bleue se place sur la mouche du bas.

5. Le rond de l'acquit doit avoir douze pouces.

6. Le billard se tire comme à toutes les autres parties.

7. Si le joueur, en donnant son acquit, touche une des trois billes, il perd un point; s'il en touche deux, il perd deux points; s'il en touche trois, il perd trois points, et les billes sont remises à leur place; si sa bille se trouve occuper la place d'une des trois billes, il la relève, et donne de nouveau son acquit.

8. Le premier coup doit être joué sur la bille blanche de l'adversaire qui a donné son acquit. S'il arrive que le joueur fasse, en jouant, une des trois autres billes, il perd autant de points qu'il en aurait gagné; et si sa bille tient la place d'une autre, il la relève pour y mettre

l'autre, et l'adversaire joue sur es billes restantes.

9. La bille rouge ne doit compter pour bonne qu'aux deux blouses du bas, et la bille bleue qu'aux deux blouses du haut, et valent chacune quatre points. Si on les fait aux blouses du milieu, on en perd autant qu'on en aurait gagné : également si l'on fait la bleue aux deux blouses du bas, et la rouge aux deux blouses du haut.

10. La bille jaune ne peut compter qu'au milieu, et vaut six points; si on la fait ailleurs, on en perd autant qu'on en aurait gagné.

11. La bille blanche peut être faite partout, et vaut deux points.

12. Le carambolage est bon sur toutes les billes, et compte deux points.

13. Le saut ne compte point pour le gain; les billes sont remises en place;

mais si la bille du joueur saute hors du billard en touchant la blanche, il perd deux points; sur la bleue et la rouge quatre points, et sur la jaun esix points.

14. On continue de jouer tant qu'on fait bille, attendu que la bille faite se remet à sa place, et que l'on peut continuer à la faire, ou sur telle autre que l'on jugera à propos : mais, une fois la blanche faite, elle reste en main pendant tout le temps que le joueur fera bille.

15. Dans le cas où le joueur, en faisant une des trois billes de couleur, prendrait la place de la bille faite, et qu'une des deux autres places, ou toutes deux, seraient vides, la bille faite sera mise dans une des places vacantes la plus éloignée de la bille du joueur, et il continuera à jouer de la place où il sera.

16. Si le joueur faisait une bille de couleur, et en occupait la place, sans qu'aucune des deux autres fût déplacée, la bille faite serait mise auprès de la pe-

tite bande la plus éloignée du joueur, et remise en place après le coup du joueur, s'il ne l'avait touchée.

Partie en trente-six points.

Art. 1er. Il faut, pour jouer cette partie, quatre billes, savoir : deux blanches, une rouge et une bleue.

2. La bille rouge se place comme à la partie de la carambole.

3. La bleue se place sur la mouche du bas.

4. Celui qui doit jouer le premier donne son acquit.

5. Le second joue sur la rouge ou sur l'acquit, si cela lui fait plaisir, et continue à jouer tant qu'il fait bille ou carambolage.

6. Lorsqu'on est en main, on se place à volonté, toute la ligne du bas étant le but.

7. Il faut avoir, comme dans les autres parties, les pieds et le corps dans le billard.

8. Etant en main, on ne peut pas jouer sur la bleue, à moins que ce ne soit de bricole, parce qu'elle est censée du bas.

9. Les billes sont bonnes partout où elles se trouveront faites.

10. Les blanches comptent deux points.

11. La rouge et la bleue comptent chacune quatre.

12. Le carambolage de la blanche à la rouge ou à la bleue compte deux points.

13. Le carambolage de la rouge ou de la bleue à la blanche compte trois points.

14. Le carambolage de la rouge à la bleue, ou de la bleue à la rouge, compte quatre points.

15. On est obligé, lorsque l'adversaire l'exige, de passer une des billes, et de toucher la bande la plus près.

16. Si l'un des joueurs arrête sa bille roulante, il perdra autant de points qu'il en aurait gagné en faisant la bille sur laquelle il aura joué, pourvu toutefois qu'il n'ait pas fait d'autre bille, auquel cas il perdrait autant de points que vaudrait cette bille.

17. Si le joueur arrête une autre bille que la sienne, l'adversaire aura le droit de mettre la bille arrêtée à sa volonté.

18. Dans toute la partie, lorsqu'un joueur se perd en faisant la bille blanche, et que les deux billes de couleur se trouvent sur les mouches, le joueur qui aura

gagné des points donnera son acquit comme au commencement de la partie.

19. Aucun joueur ne peut jouer sur les billes placées sur les mouches, pas même sur la blanche, si elle s'y trouvait.

Partie Royale.

La Partie royale se joue, savoir : en douze points à trois joueurs, en dix points à quatre joueurs, en huit points à cinq joueurs, en six points à six joueurs.

Partie-à-écrire.

Art. 1er. Toutes les règles de la carambole s'observent exactement à la partie-à-écrire.

2. La partie-à-écrire se joue en huit rois.

3. Le marqué est de dix points, et se paie un jeton par point et deux de consolation, double en petite bredouille, et quatruple en grande. Il faut prendre vingt points pour la grande.

4. On ne peut être bredouillé que par deux manque-à-toucher de suite, mais on l'est si l'adversaire carambole.

5. Lorsqu'on aura fait la rouge, et que l'on jouera dessus, on perdra trois points. Si le joueur ne joue pas sur la blanche, à moins qu'elle ne soit en main, on remet la rouge sur la mouche, faite ou non, et la bille du joueur sera en main.

6. Le premier postillon est de vingt-huit, le second et le troisième de huit, et deux points chaque marqué.

Partie blanche à écrire.

Art. 1er. Cette partie se joue également en huit rois, quatre de chaque côté.

2. On aura une planche percée de vingt trous de chaque côté, un fichet blanc ou noir pour marquer le jeu, et une bredouille en forme de pavillon.

3. Le marqué est de six points, se paie six jetons et deux de consolation, pourvu que celui qui a le premier six points les termine de son fait ; car s'il ne les obtient que par deux manque-à-toucher de suite, ou une perte de l'adversaire, il ne peut se faire payer.

4. Celui qui prend six points sans que l'adversaire en prenne, marque en bredouille, et peut se faire payer douze jetons, et quatre de consolation.

5. Celui qui ôte la bredouille à l'adversaire, et prend six points de suite, marque en bredouille, sauf à déduire au simple les points que l'adversaire avait pris.

6. Celui qui a pris six points en bredouille, et qui continue à jouer, sera payé double de tous les points qu'il prendra; et lorsqu'il en aura douze, il peut se faire payer sur le pied de quatre jetons par point, c'est-à-dire quarante-huit jetons, et huit de consolation, pourvu toutefois qu'il accomplisse ses deux points en bredouille de son fait, et non par une perte ou manque à toucher de l'adversaire. Dans ce dernier cas, il serait forcé de continuer sur le même pied.

7. On ne peut jamais perdre la bredouille par un seul manqu-eà-toucher, il en faut deux, ou bien se perdre ou être fait.

8. Celui qui débredouillera l'adversaire, soit en petite, soit en grande bre-

douille, réduira tous ses points au paiement d'un jeton par point, et deux de consolation, s'il y a lieu de payer.

9. Le saut ne compte point; mais celui qui fait sauter donne l'acquit.

10. Celui qui se blousera, sans toucher la bille de son adversaire, perdra trois points.

11. Celui qui se blousera en touchant la bille de son adversaire perdra deux points.

12. Celui qui, en bredouille, se blousera, perdra deux points et la bredouille.

13. Tous les gains et pertes qui se comptent à la partie ordinaire des billes blanches, ou de la carambole, se compteront de même au billard-à-écrire.

Carambole russe à écrire.

Art. 1er. On suivra les règles déjà écrites pour jouer cette partie.

2. La partie sera composée de huit marqués de vingt points chacun.

3. La bredouille ne peut se gagner, se perdre ou s'effacer que par le gain de quatre points, soit par bille blanche et carambolage, soit par quatre manque-à-toucher de suite, soit enfin par l'une des trois billes de couleur, ou deux blanches, sans interruption.

4. On ne peut avoir la grande bredouille que par le gain de quarante points de suite.

5. Si l'un des deux joueurs manque à toucher deux fois de suite, ces deux points donneront la bille sur la bredouille, soit pour la gagner, soit pour l'effacer. Si l'adversaire perdait également deux points de suite, il serait bille à bille pour gagner ou effacer la bredouille par une seconde bille blanche, ou deux manque-à-toucher de suite.

6. On ne peut se retirer par la perte de son adversaire, ni quatre manque-à-toucher de suite, quand bien même cette perte ou ces manque-à-toucher compléteraient le marqué, c'est-à-dire qu'ils donneraient vingt points.

7. Le paiement des jetons est le même qu'à la partie-à-écrire déjà connue; mais la consolation d'un coup simple se paie quatre jetons, la bredouille huit, et la grande bredouille seize.

8. Les postillons se paient double, le premier cinquante-six jetons, le deuxième et autres, seize.

9. On jouera toujours quatre fiches de queue, à moins d'une convention particulière et contraire.

POULE A DEUX BILLES.

De la distribution des billes.

Art. 1er. Lorsque tous les joueurs auront déposé leur mise, ils se rangeront autour du billard ; et le garçon, après avoir mis dans le panier autant de billes qu'il y aura de joueurs, et les avoir bien remuées, en donnera une à chacun, en commençant par sa droite. Ces billes seront marquées d'un numéro qui servira à indiquer le tour que chaque joueur devra prendre, et le numéro sous lequel il devra être marqué sur le tableau.

2. Lorsqu'une ou plusieurs arriveront après la distribution des billes, et avant qu'il y en ait une de morte, elles pourront entrer à la poule sans marque, si le deuxième tour n'est pas commencé, et

s'il l'est avec autant de marques qu'en aura la bille la plus marquée ; elles auront les numéros à la suite de ceux distribués, et par ordre d'entrée.

3. Une personne présente à la formation de la poule et à la distribution des billes, et celles qui, arrivées après, auront laissé recommencer un tour sans manifester l'intention d'entrer à ladite poule, ne pourront plus y être admises.

4. Lorsqu'une bille sera morte sans qu'aucune autre soit marquée, celui qui l'avait pourra la reprendre sans marque et sous le même numéro, en fournissant une seconde mise.

5. Dans aucun cas les joueurs ne pourront échanger leurs numéros.

6. Quelque erreur qu'il y ait eu dans la distribution des billes, les paris seront bons, pourvu que les parieurs aient eu un numéro à leur tour.

De l'Acquit.

7. Le joueur qui aura l'as, ou n° 1er, donnera l'acquit de tel endroit du quartier qu'il voudra; et pour qu'il soit bon, il faudra que d'un seul coup de queue la bille aille se placer sur la partie du tapis qui est au-dessous des blouses du milieu, sinon elle sera mise à la pénitence; ce que l'on fera aussi quand le joueur le demandera, avant que la bille ne soit arrêtée.

8. Lorsque l'as aura donné l'acquit, celui qui aura le n° 2 jouera dessus avec l'autre bille, et aussi d'un seul coup de queue; le n° 3 jouera sur le 2 avec la bille de l'as, et ainsi de suite.

9. Pour donner un acquit, et plus encore pour jouer dessus, il faudra que le joueur ait le corps et les pieds au dedans

de l'alignement des grandes bandes du billard.

10. Lorsque, l'acquit étant donné, le joueur qui devait tirer dessus changera, quelle qu'en soit la cause, l'acquit pourra être redonné, quand même il aurait été mis à la pénitence.

11. Toutes les fois qu'il y aura une marque de prise, les deux billes seront relevées, et l'acquit donné par celui dont ce sera le tour à jouer, à moins qu'il n'y eût plus que deux joueurs ; alors celui qui prend marque reçoit l'acquit.

Des fautes qui font prendre marque.

12. Un joueur fera faute, et son numéro recevra une marque, 1° lorsque, du premier coup de queue donné à sa bille, il ne la fera pas toucher à l'autre bille ; 2° lorsque, par l'effet de son coup, la bille avec laquelle il aura tiré sur l'autre

se trouvera n'être plus sur le tapis ; 3° lorsqu'il arrêtera une bille roulante, ou en changera la direction, à moins que celui qui aura joué le dernier n'ait fait faute ; 4° lorsqu'il dérangera une bille arrêtée, et que celui qui viendra de jouer ou celui dont se sera le tour l'exigera ; 5° lorsqu'il billardera : ce coup, qui arrive assez souvent, étant sujet à discussion ; pour les éviter, lorsque les deux billes seront assez près l'une de l'autre pour le faire craindre, celui qui aura joué le dernier devra inviter les autres joueurs et la galerie à regarder le coup, afin que la majorité puisse décider, en connaissance de cause, s'il est bon ou mauvais ; lorsque cette attention n'aura pas été provoquée, le coup ne pourra être déclaré mauvais que de l'aveu du joueur, ou à l'unanimité de ceux qui assureront l'avoir vu ; 6° lorsqu'un joueur ne se présentera pas pour jouer à son tour, après que son numéro aura été appelé trois fois; 7° lorsqu'il indiquera la manière de faire une bille; 8° lorsqu'il avertira de prendre à faire sur une bille livrée, et qui sera faite par suite de son avertissement : dans ce cas le possesseur de la bille ne sera point marqué.

13. Un joueur qui aura laissé passer trois fois son tour sans jouer sera rayé du tableau., et ne pourra plus rentrer à la même poule.

14. Lorsqu'un joueur aura pris le nombre de marques convenu pour mourir, son numéro sera rayé du tableau, et il ne jouera plus dans le courant de la poule, à moins qu'il n'achète une autre bille.

De la prise à faire.

15. Hors le cas de l'exception ci-après, chacun des joueurs pourra prendre à faire; et pour ce, il faudra qu'il dise clairement : *Je prends à faire*, et ne laisse

jouer celui dont ce sera le tour qu'après s'être bien assuré qu'il a entendu, et qu'il garde à faire.

16. Lorsqu'un joueur, dont la bille n'aura plus qu'une marque à prendre pour être morte, aura pris à faire pour ou sur une bille qui aura deux marques de moins que la sienne, on pourra s'opposer à ce qu'il joue; mais, s'il n'y a pas d'opposition, la prise à faire aura son effet ordinaire.

17. Lorsque plusieurs joueurs auront pris à faire, le premier qui aura parlé devra jouer; s'il y a opposition fondée, ce sera le second, et ainsi de suite.

18. Le joueur qui aura pris, ou celui qui aura gardé à faire, prendra une marque, s'il ne fait pas la bille sans faire faute.

19. Le joueur aura toujours le droit de garder à faire, ou s'il ne garde pas, son coup sera censé joué.

De la vente des billes.

20. Un joueur pourra vendre ou céder sa bille à un autre, pourvu qu'il ait été de la poule en train, et qu'il n'y ait contre lui aucun motif d'exclusion.

21. Aucun joueur ne pourra rentrer à la poule tant qu'une bille avec laquelle il aura joué sera encore existante sur le tableau, à moins qu'il ne la rachète, ce qui même ne pourra avoir lieu que deux fois.

22. Lorsqu'un joueur achète une bille, il la prend telle qu'elle est lors de la conclusion du marché; en conséquence, si elle est sur l'acquit, elle doit y rester.

Dispositions générales.

23. Lorsqu'un joueur, étant à s'ajuster, touchera sa bille assez pour qu'elle change de place, le joueur d'auparavant, ou celui d'après, aura le droit de le

faire marquer, quand bien même il ferait, par un second coup de queue, toucher sa bille à l'autre : et ce, sans qu'il soit besoin d'arrêter les billes ; seulement il faudra que la majorité de ceux qui auront vu le coup le déclarent mauvais, ou que le joueur en convienne.

24. Lorsque les billes, ou l'une d'elles, auront été dérangées, en roulant, par une personne étrangère à la poule, elles seront relevées, et celui sur la bille duquel on allait jouer donnera l'acquit.

25. Lorsque les billes ou l'une d'elles, étant arrêtées, seront dérangées par une personne étrangère à la poule, le garçon de billard les remettra à leur place, d'après l'avis le plus général des joueurs et de la galerie. Il en sera de même lorsqu'un des joueurs aura causé le dérangement, à moins qu'un des deux joueurs intéressés au coup n'exige qu'il prenne marque ; alors elles seront relevées, et

celui sur la bille duquel on aurait joué donnera l'acquit.

26. Lorsqu'un joueur dont la bille n'aura plus qu'une marque à prendre pour être morte, fera visiblement exprès de déranger une bille arrêtée ou roulante, il sera rayé du tableau, et ne pourra plus rentrer à la même poule.

27. Lorsqu'un joueur fera sauter hors du tapis la bille sur laquelle il joue, le coup sera nul ; les deux billes seront relevées, et l'acquit donné par celui dont ce sera le tour à jouer.

28. Un coup, pour être joué par quelqu'un dont ce n'était pas le tour, n'en sera pas moins bon ; c'est à celui qui a joué le dernier à veiller à sa bille, tant qu'elle est en danger. Le joueur d'après celui qui s'est trompé joue ensuite.

29. On ne pourra plus revenir sur un coup, lorsque depuis il y en aura eu un autre de joué sans réclamation.

30. Le maître du billard aura seul le droit de déterminer le montant de la mise, les frais à prélever sur la poule, et le nombre de marques qu'il faudra pour qu'une bille soit morte ou rayée du tableau.

31. Le joueur qui restera le dernier gagnera la poule, qui lui sera remise par le garçon de billard, les frais prélevés.

32. Toutes associations pour gagner ou pour faire perdre les autres joueurs sont expressément défendues, chacun devant être seul contre tous.

On meurt jusqu'à 6 joueurs, en 4 marques.
» de 7 à 14 compris, en 3 marques.
» de 15 à 19 compris, en 2 marques.
» de 20 et au-dessus, en 1 marque.

FIN DES RÈGLES ET DU TRAITÉ DU JEU DE BILLARD.

Noms des Villes et Libraires où se trouve le Traité du Jeu de Billard.

A *Abbeville*, chez Grare.
Agen, Noubel, imprimeur.
Alençon, Poulet-Malassis.
Amiens, Allo.
Angers, Fourrier-Mame.
Angoulême, Evemeau et comp.
Auxerre, François Fournier.
Beauvais (Oise), Desjardins.
Blois, Ancher-Eloy.
Bordeaux, Gayet. — Coudert. — Bonnet-Dutray.
Brest, Auger.
Caen, Poisson.
Calais, Leleu.
Cambrai, Auguste Giard.
Chartres, Hirvé.
Coutances, Volsin.
Dijon, V. Lagier.
Douay, Villette.
Le Havre, Chapelle.
Lille, Castiaux.
Lyon, Bohaire.
Le Mans, Pèches. — Toutain.

Melun, Michelin.

Metz, Devilly.

Nantes, Busseuil jeune.

Nancy, Vincenot.

Orléans, veuve Huet-Perdoux.

Reims, Delaunay. — Leclerc.

Rouen, Frère aîné. — Renault.

Strasbourg, Levrault. — Treuttel et Würtz.

Toulouse, Vieusseux.

Tours, Légier. — Homo.

ÉTRANGER.

Aix-la-Chapelle, Prosper Laruelle fils.

Amsterdam, G. Dufour. — Delachaux.

Berlin, Schelesinger.

Breslau, Th. Korn.

Bruges, Bogaërt.

Bruxelles, Lecharlier. — Demat.

Florence, Nicolo Conti.

Francfort-sur-le-Mein, Ve Schaëffer.

Genève, J.-J. Paschoud.

Lausanne, Fischer.

Leipsick, Grieshammer.

Liége, Desoër.

Londres, Bossange père et fils. — Dulau et comp. — Treuttel et Würtz.

Milan, Giegler.

Moscou, Gautier.

Mons, Leroux.
Munich, Giel.
Naples, Borel.
Neuchâtel (Suisse), Gerster.
Parme, Blanchon.
Saint-Pétersbourg, Saint-Florent.
Rome, Agazzi.
Turin, Pic.
Varsovie, Glucksberg.
Vienne (Autriche), Gerold.

TRAITÉ
DU JEU DE BILLARD

TRAITÉ
DU JEU DE BILLARD.

www.ingramcontent.com/pod-product-compliance
Ingram Content Group UK Ltd.
Pitfield, Milton Keynes, MK11 3LW, UK
UKHW021539260726
13993UKWH00002B/556